# DE LA NOTION JURIDIQUE

DES

# ACTES DE COMMERCE

ET

# DES COMMERÇANTS



PAR

**Jean ACHER.**

PARIS

ANCIENNE LIBRAIRIE THORIN ET FILS

**ALBERT FONTEMOING, ÉDITEUR**

Libraire des Écoles Françaises d'Athènes et de Rome

du Collège de France et de l'École Normale Supérieure

**4, RUE LE GOFF, 4**

—

1904

DE LA

# NOTION JURIDIQUE DES ACTES DE COMMERCE

ET

# DES COMMERÇANTS.

Extrait de la *Revue générale du droit.*

TOULOUSE. — IMPRIMERIE A. CHAUVIN ET FILS, RUE DES SALENQUES, 28.

# DE LA NOTION JURIDIQUE

DES

# ACTES DE COMMERCE

ET

# DES COMMERÇANTS



PAR

**Jean ACHER.**

PARIS

ANCIENNE LIBRAIRIE THORIN ET FILS

**ALBERT FONTEMOING, ÉDITEUR**

**Libraire des Écoles Françaises d'Athènes et de Rome**

**du Collège de France et de l'École Normale Supérieure**

**4, RUE LE GOFF, 4**

1904

# DE LA
# NOTION JURIDIQUE DES ACTES DE COMMERCE
## ET
# DES COMMERÇANTS

Malgré l'importance capitale de la question, l'idée d'ensemble à laquelle obéissent les actes de commerce reste toujours à déterminer. En effet, non seulement la doctrine est divisée sur le point dont nous voudrions nous occuper, mais, bien plus, il paraît impossible de considérer telle opinion plutôt que telle autre comme dominante : chaque système possède un nombre respectable de défenseurs, chaque opinion peut se réclamer d'un nom illustre. Quant à la jurisprudence, sa tendance est d'éviter de donner des solutions de principe; les tribunaux, aussi bien que les Cours, se bornent à rendre des décisions d'espèce. Ce refus de la jurisprudence de faire un choix parmi les théories doctrinales n'a rien qui puisse nous surprendre. Les trois théories principales, — auxquelles peuvent se ramener toutes les autres, — la théorie de la spéculation aussi bien que la théorie de l'entremise et que la théorie de la circulation, donnent lieu à la même critique. Aucune de ces idées ne correspond aux faits; les notions dégagées par les auteurs sont ou trop larges ou trop étroites. Une théorie des actes de commerce, en effet, pour être susceptible d'applications pratiques, doit comprendre tous les actes de commerce et rien que les actes de commerce. Or, il est facile de démontrer que les trois théories auxquelles a donné lieu l'interprétation de l'article 632 C. com. ne réalisent pas cette concordance nécessaire entre la définition et la chose à définir.

Ce défaut est évident pour la théorie de la spéculation, la première au point de vue chronologique. D'après elle, tout acte juridique qui a été accompli avec l'intention de spéculer, serait un acte de commerce. Cette définition est si large qu'elle engloberait, sans distinction, tous les actes à titre onéreux qui auraient pour mobile un intérêt pécuniaire, et, par conséquent, la plus grande partie des actes de droit civil. Pour parer à cet inconvénient, les défenseurs de la théorie de la spéculation y ont introduit deux tempéraments qui permettraient de préciser leur notion, toujours un peu vague, de spéculation. A cette fin, on a déterminé l'idée de spéculation par l'incertitude du profit à retirer d'un acte donné, par le fait que le gain comporterait certains risques. De l'autre côté, pour qu'un acte fût commercial, il ne suffirait pas que son auteur eût en vue d'en retirer un profit plus ou moins aléatoire, il faudrait encore que cette intention de spéculer dominât tous les autres motifs qui auraient pu diriger l'auteur de l'acte. Malheureusement, ces deux restrictions à une notion trop générale n'empêchent pas que la définition de l'acte de commerce ne soit encore trop large et que les actes de commerce ne se confondent avec les actes purement civils; en effet, l'idée du profit incertain, plus ou moins sujet à certains risques, se retrouve au fond de tous les actes civils dont l'équivalent pécuniaire n'est pas tarifé de façon invariable. La restriction proposée éliminerait bien de la liste de commerçants les personnes dont les revenus consistent en appointements fixes, comme, par exemple, les fonctionnaires ou les employés, mais elle ferait rentrer dans le commerce l'exercice de la médecine ou la profession d'avocat, le mode de rémunération des services d'un médecin ou d'un avocat présentant toujours un caractère incertain et n'allant pas sans un certain risque. La seconde restriction proposée ne suffit pas non plus à différencier les actes commerciaux des actes civils. D'un côté, un négociant ou un industriel n'exercent pas nécessairement leur profession avec l'intention principale d'en retirer un enrichissement. Le but principal, dominant, qu'un imprimeur ou un marchand de gravures cherche à atteindre, peut parfaitement être un but artistique, par exemple si le premier ne lance que des éditions dites de luxe, ou si le second ne publie que les gravures d'une école déterminée. Et cela est tellement vrai que la loi elle-même, dans l'article 8, al. 4, n° 3 C. civ., tient compte de ce que les intentions des commerçants peuvent être non-commerciales. Est-ce qu'un étranger, qui en vue de rendre sa naturalisation plus facile par application de l'article 8, al. 4, n° 3 C. civ., exploitera une invention utile, ou créera un établissement industriel, sachant parfaitement que cette exploitation ou cette création lui permettront à peine de couvrir ses frais généraux, est-ce que cet étranger cessera pour cela d'être commerçant? Evidemment non, et pourtant son intention principale, le désir d'être admis au bénéfice de naturalisation, ne peut être considéré comme un résultat de l'esprit de spéculation. Ainsi, la modification proposée à la notion primitive ne comprend pas tous les actes de commerce. Elle ne permet pas non plus de distinguer ceux-ci des actes civils. Pour prendre l'exemple cité plus haut, rien n'est moins sûr qu'un jeune médecin qui achète la clientèle de son confrère (1) se propose exclusivement de soulager les misères humaines. Ce serait supposer trop de dévouement de sa part. En fait, il arrive malheureusement trop souvent que les jeunes gens qui s'établissent comme avocats ou médecins ne cherchent qu'à se procurer une situation lucrative. Les recueils de jurisprudence relèvent assez fréquemment les décisions réduisant à un quart le chiffre d'honoraires réclamés par certains praticiens, ou mentionnent encore des faits scandaleux ayant motivé une radiation du tableau. Et pourtant, personne encore n'a soutenu que ces avocats ou médecins, qui soignent et plaident avec l'intention principale d'en retirer le plus grand bénéfice pécuniaire possible, fussent des commerçants et que leurs soins ou plaidoiries constituassent des actes de commerce.

On peut adresser des reproches analogues à la théorie de l'entremise et à celle de la circulation. Elles considèrent comme non commerciaux tous les actes dont l'objet ne constitue pas une richesse économique. Un salon de coiffure ne pourrait donc jamais constituer une maison de commerce pour cette raison péremptoire que le fait de raser la barbe à un client évoque plutôt l'idée de la destruction d'une richesse que celle de sa circulation (théorie de la circulation), et que le ra-

(1) Nous ne discutons pas pour le moment la validité de cette cession singulière qui prend tous les jours une extension nouvelle. Nous la supposons accomplie en fait, comme cela arrive fréquemment.

soir du barbier ne peut aucunement passer pour un « facteur de richesse » (théorie de l'entremise). Les deux théories doivent, pour être logiques avec elles-mêmes, dénier le caractère commercial à l'agence d'affaires, aux hôteliers, aux courtiers, aux entreprises de publicité, etc., etc. La théorie de la circulation fait entrer, en outre, dans la notion des actes de commerce, les ventes charitables, et, en général, toutes les entreprises de bienfaisance qui se procurent des ressources au moyen des contrats à titre onéreux (1) (spectacles, bals, conférences au profit d'une œuvre charitable).

Cette revue rapide des différents systèmes doctrinaux nous prouve qu'aucun d'eux n'est pleinement satisfaisant. Quelle conclusion en tirer? Devant cet insuccès de la doctrine, dirons-nous, avec M. Labbé (2) et MM. Lyon-Caen et Renault (3), que la théorie des actes de commerce en droit français ne s'est inspirée d'aucun principe d'ensemble, que toute tentative de synthèse est vaine parce que notre droit commercial est gouverné, à l'exclusion de toute autre idée, par des raisons d'utilité pratique? Nous ne saurions nous rallier à cette opinion, malgré la grande autorité qui s'attache au nom de ses défenseurs. En effet, cette doctrine purement négative suppose que les énumérations des articles 632 et 633 sont essentiellement limitatives. Si les différents actes de commerce énumérés par la loi n'obéissent à aucune idée d'ensemble, c'est qu'ils ont été introduits *contra tenorem rationis propter aliquam utilitatem auctoritate constituentium* (4), c'est qu'ils constituent un

(1) Voir une bonne critique de la théorie de la circulation dans Appert, *Des actes de commerce terrestre*, p. 142-149. Quant au système propre de M. Appert (l'acte de commerce est tout acte d'entremise entre l'offre et la demande en vue de satisfaire aux besoins du public, et accompli en vue de tirer de cette entremise un profit pécuniaire personnel) il encourt, pour sa partie finale, les reproches qui ont été faits à la théorie de la spéculation. Quant à sa première partie, elle ferait réputer commerçant tout propriétaire rural en sa qualité de viticulteur, maraîcher, etc. En effet, lorsque le propriétaire ne transforme pas personnellement ses produits, mais recourt à la main-d'œuvre, une entremise a lieu de sa part entre l'offre (travail des ouvriers) et la demande (besoins de l'acheteur). Au surplus les hôtelleries, les agences d'affaires et entreprises analogues ne sont pas commerciales dans ce système.

(2) S., 68, 2, 329.

(3) *Traité*, I, n° 103.

(4) Paul, l. 16, D., *de legibus et senatusconsultis*.

véritable *jus singulare* dans le sens du fragment précité. Or, *quod contra rationem juris receptum est*, — dit encore Paul (1), — *non est producendum ad consequentias*. — Le *jus singulare* est sans conteste de stricte interprétation, mais le caractère limitatif de l'énumération légale n'est rien moins que prouvé. Rien, en effet, dans la formule employée par les textes n'autorise à faire une pareille supposition. La tradition historique, en outre, la contredit formellement. Bien avant l'ordonnance de 1673, on a admis une large conception des actes de commerce (2). Et l'ordonnance même de 1673, conçue en des termes analogues à notre article 632 (3), a été toujours largement entendue (4). Il n'y a aucune raison de croire que le Code de commerce ait voulu couper court à ce mouvement, qu'il ait consacré un recul dans l'évolution historique. Cette interprétation ne pourrait résulter que d'un texte formel et non équivoque. Toute l'économie du titre II du livre IV du Code de commerce est franchement contraire à l'idée d'une énumération limitative. Les textes se bornent à dire : « les tribunaux de commerce connaîtront, » « la loi répute acte de commerce, » « la loi répute pareillement ; » et à ces textes fait suite l'article 638 qui débute par cette phrase : « Ne sont point de la compétence des tribunaux de commerce. » Si l'énumération des articles précédents était limitative, on ne comprendrait pas pourquoi la loi a voulu, dans l'article 638, exclure certains actes qui n'ont pas été compris dans cette énumération.

Malgré ces textes et la tradition qui les corrobore, l'opinion contraire est encore fort accréditée dans la doctrine. Les maî-

(1) L. 14, D., *eod.*

(2) L'édit de Charles IX, de 1563 (art. 3), portait : « Connaîtront lesdits Juge et Consuls des Marchands de tous procès et différens qui seront ci-après mus entre Marchands pour fait de marchandises seulement... » Il n'y avait donc, aux termes de l'édit, que les actes entre les commerçants qui fussent commerciaux. Néanmoins la pratique déclara commerciaux les achats-reventes même passés entre non commerçants. Jousse, dans son *Commentaire sur l'Ordonnance du Commerce* de 1673 (édition Paris, 1761, p. 218 et suiv.) nous cite en ce sens deux arrêts du Parlement du 16 juillet 1650 et du 5 février 1664 et un arrêt du Grand Conseil du 1er février 1661, rendus tous sous l'empire de l'édit de Charles IX.

(3) En effet, l'énumération des actes de commerce se trouve dans cette ordonnance, dans le titre XII, qui détermine, comme le titre II du livre IV du Code de commerce, la compétence des tribunaux consulaires.

(4) Voy. Jousse, *op. et eod. cit.*, p. 218, 222.

tres les plus éminents, comme M. Thaller (*Traité élément.*, 3e édit., n° 9) et MM. Lyon-Caen et Renault (*Traité*, I, n° 104), se prononcent en faveur de l'idée d'une énumération limitative. Nous estimons que cette opinion n'est que la conséquence d'une confusion regrettable entre la notion du *jus singulare* et celle du *jus speciale*. Le droit commercial, dit-on dans cette doctrine, forme un droit d'exception à côté du droit civil qui constitue le droit commun; dès lors, l'interprétation restrictive s'impose. On ne saurait trop s'élever contre cette conception du droit commercial considéré comme un droit exceptionnel. Le droit consulaire constitue bien un droit particulier, mais il n'est pas pour cela un droit exceptionnel. Le droit exceptionnel est un droit anormal qui constitue un ensemble de règles disparates, dont chacune s'écarte, pour une raison spéciale, du droit commun. Dans le droit, par exemple, que possèdent les enfants naturels de succéder aux autres enfants naturels du même père ou de la même mère (art. 766, Code civil., L. 25 mars 1896), il faut bien voir un *jus singulare*, car d'après le droit commun la vocation successorale n'existe qu'entre parents; or, il n'existe pas de lien de parenté entre les enfants naturels et les parents de leur père ou de leur mère. C'est bien un *jus singulare quod contra tenorem rationis propter aliquam utilitatem auctoritate constituentium introductum est*. Tout autre est la nature du droit commercial. Loin de s'opposer au *jus commune* comme le ferait un *jus singulare*, il forme au contraire le droit commun du commerce français, il régit l'ensemble des rapports commerciaux entre tous les individus régis par la loi française. Il forme une branche du droit, distincte du droit civil au même titre que le sont les autres droits particuliers, tels que le droit industriel, le droit ouvrier, le droit forestier, la législation des eaux, etc. Tous ces droits particuliers, tous ces *jura specialia* ne s'opposent pas au *jus commune*, mais bien au *jus generale*. Ces différents systèmes des *jura specialia* ne sont pas des anomalies; loin de là, ils constituent, comme le dit fort bien M. Gierke (1), au même titre que le droit général, des émanations de l'idée du Droit,

(1) *Deutsches Privatrecht*, p. 44, où la différence entre le *jus singulare* et le *jus speciale* est démontrée d'une façon magistrale.

d'après laquelle il est juste que les rapports juridiques entre les hommes ne soient pas emprisonnés dans un moule uniforme, mais qu'ils soient au contraire réglementés de telle sorte que leurs différences particulières puissent se réaliser librement. Le droit romain, dont le caractère distinctif était l'uniformité, ne connaissait pas cette notion du *jus speciale*, et c'est peut-être dans cette circonstance qu'il faut chercher la raison de la confusion que les auteurs modernes commettent entre le *jus speciale* et le *jus singulare*. Mais il ne faut pas s'y tromper; notre ancien droit a très bien su s'élever à la conception du *jus speciale*, témoin le droit féodal qui constituait à côté du droit civil proprement dit un système à part (1). Et il ne faudrait pas entraver l'évolution historique de cette conception nationale du *jus speciale* en lui appliquant les règles romaines de l'interprétation stricte du *jus singulare*. Il faut se garder de confondre les deux notions : celle du droit anormal et celle du droit particulier, et, pour revenir à notre sujet, il ne faut pas considérer le droit commercial comme un droit exceptionnel, n'obéissant à aucune idée d'ensemble et introduit *contra rationem juris* pour des raisons d'utilité pratique (2). Le droit commercial obéit bel et bien à une idée d'ensemble, et cela est tellement vrai que la thèse de l'unification du droit commercial et du droit civil, thèse soutenue par M. Vivante (3),

(1) Le droit féodal n'était pas le seul droit particulier. Il existait à côté de lui le droit ecclésiastique privé, le droit commercial et une foule d'autres systèmes spéciaux. Cf. Gierke, *op. et loc. cit.*, qui trouve que l'ancien droit allemand a même exagéré cette idée des droits particuliers.

(2) La note de la Rédaction des *Annales de dr. commercial* qui accompagne dans ce recueil l'article de M. Vivante (*Ann.*, 1893, p. 22 et suiv.) paraît aboutir dans le même sens. Le style de cette note nous permet de la supposer émanée de M. Thaller. En tout cas il paraît étrange que le distingué professeur de Paris, après avoir écrit les belles pages que l'on sait sur « la place du commerce dans l'histoire générale » (*Annales*, 1892), conclût, dans son *Traité élémentaire*, au caractère exceptionnel du droit commercial.

(3) La théorie de M. Vivante repose en grande partie sur la méconnaissance de la différence entre le *jus speciale* et le *jus singulare*. M. Vivante dit que le droit commercial ayant cessé d'être un droit exceptionnel devrait être confondu avec le droit civil (*Annales de dr. comm.*, 1893, p. 12 et 13. Comp. la note de la Rédaction accompagnant l'article de M. Vivante). Mais il n'a jamais, depuis le moyen âge, constitué un droit exceptionnel! S'il existe à part, c'est qu'il constitue justement le droit commun, particulier à une sphère d'activité humaine! Il n'y a aucune raison d'unifier les choses qui, d'après leur nature même, sont disparates.

n'a jamais été accueillie favorablement par la doctrine française.

Nous n'avons pas à rechercher cette idée générale du droit commercial, cette recherche sortirait du cadre de cette étude. Ce qui nous importe, c'est de constater que cette idée existe et qu'on ne saurait, par conséquent, admettre la doctrine de l'énumération limitative. Dès lors, se pose la question de savoir quel est le critérium qui permettrait de distinguer les actes de commerce des actes civils.

*
* *

Avant d'aborder cette étude, nous ferons une constatation préalable qui nous permettra de délimiter le champ de nos investigations. Le critérium dont il s'agit ne doit pas être cherché dans la nature objective de l'acte, abstraction faite de son élément subjectif. Un acte de commerce pris en soi, détaché de la personne de son auteur, ne se distingue pas d'un acte civil. Les contrats du droit commercial terrestre, sauf la lettre de change et la société par actions (sur ces deux exceptions, v. *infrà*), sont les mêmes que ceux du droit civil : mandat, vente, louage, etc. Leur structure juridique est exactement la même que celle des contrats civils. Ce n'est donc pas dans leur nature objective, intrinsèque qu'il faut chercher leur signe distinctif (1). Et comme un acte juridique ne peut être envisagé que sous deux rapports : celui de son objet et celui de son auteur, il est évident que le signe distinctif, la *differentia specifica*, qui sépare les actes commerciaux des actes civils, ne peut-être constituée que par un élément subjectif. C'est donc à la personne de l'auteur de l'acte de commerce que nous nous attacherons pour déterminer le caractère distinctif de ce dernier. Cette méthode n'a d'ailleurs rien de nouveau. Tous les systèmes proposés jusqu'à aujourd'hui se sont laissés pareillement guider par des considérations ayant trait à l'élément subjectif de l'acte. Ceci est d'évidence même dans le système de la spéculation ou dans celui de l'entremise; dans le premier, c'est l'intention de spéculer, élément person-

(1) Cf. Endemann, *Handbuch des Handelsrechts*, I, p. 1.

nel par excellence, qui est le critérium de la nature commerciale de l'acte; le second a recours à l'idée de l'entremise, notion également subjective, puisque l'entremise consiste dans le fait de s'interposer entre deux personnes, dans le fait de s'aboucher avec le producteur dans l'*intention* de satisfaire aux besoins du consommateur. En ce qui concerne la théorie de la circulation, on pourrait, à première vue, être tenté de la considérer comme une théorie purement objective. Mais un examen plus attentif de cette théorie vient nous convaincre du contraire. En effet, ce n'est pas en tant qu'il a constitué en lui-même un acte de circulation, mais en tant que son auteur a eu l'*intention*, en l'accomplissant, de réaliser par là un fait de circulation, qu'un acte donné peut être déclaré commercial. Un achat fait en vue d'une revente est commercial, même si la revente n'a pas eu lieu effectivement, c'est-à-dire même si la marchandise achetée n'a pas circulé en fait. C'est tout au moins la conséquence à laquelle aboutit le représentant le plus autorisé de la théorie de la circulation en France, M. Thaller (*op. cit.*, n° 18 *in fine*). La doctrine est donc d'accord pour reconnaître que le caractère commercial des actes n'a rien d'objectif, qu'il résulte de ce que nous avons appelé l'élément subjectif, personnel de l'acte. Nous pouvons par conséquent admettre ce point pour acquis définitivement à la science, sans y insister plus longuement.

La caractéristique de l'acte de commerce repose donc dans son élément subjectif. Si l'on admet avec nous cette manière de voir, il sera difficile, dès lors, de contester que cet élément personnel est précisément la qualité de commerçant attribuée à l'auteur de l'acte. N'est-il pas tout naturel de considérer que la notion de l'acte de commerce se rattache à celle de commerçant; et n'est-il pas illogique d'établir le rapport inverse? L'histoire ne nous démontre-t-elle pas que l'idée du commerçant est plus ancienne que celle de l'acte de commerce? Le droit commercial n'était-il pas, au moyen âge, un statut purement personnel? Sous le régime des anciennes Maîtrises et Jurandes, un acte n'était sujet aux règles commerciales que lorsqu'il avait été accompli par un membre de la corporation. C'est insensiblement, peu à peu, que la notion de l'acte de commerce se dégagea au moyen d'une fiction par laquelle on réputa commerçants ceux qui agissent en justice à raison des affaires de négoce. Cette évolution est surtout visible dans les anciens statuts italiens. *Quaecumque persona aget*, disent les statuts de Plaisance, *vel conveniet de cetero ex causa negotiationis vel cambii intelligatur esse mercator absque probatione*. Les statuts de Milan parlent le même langage (1). Cette conception persista dans la doctrine italienne (2) et française. « Les bourgeois et autres, » dit Jousse (3), « qui ne sont ni marchands ni artisans, même les officiers qui se mêlent d'acheter et de revendre sont réputés marchands quoiqu'ils n'ayent ni boutique, ni magasin, ni registres, et sont en cette partie sujets à la Jurisdiction Consulaire, quoiqu'ils ne fassent le commerce qu'en passant (4). »

Et si à présent nous envisageons la même question à un autre point de vue, n'est-il pas vrai, logiquement, que la notion de l'acte de commerce dérive de celle du commerçant et non inversement? Si l'on fait abstraction de l'idée du commerçant, l'acte de commerce n'existe pas. S'il n'y avait pas de personnes exerçant la profession de commerçant, on aurait beau accomplir journellement des « actes de commerce par nature, » ceux-ci ne se distingueraient en rien des actes purement civils. Les achats-reventes pourraient être aussi fréquents que possible, ils n'obéiraient pas à d'autres règles que les ventes ordinaires. Le droit commercial ne serait pas né. Nous en avons la preuve très décisive dans le droit romain.

A Rome le petit commerce n'était guère considéré, comme le prouve le célèbre passage de Cicéron : *Illiberales autem et sordidi quaestus* (*De off.*, I, 42). Il est même à supposer que les gens qui en faisaient profession n'étaient pas des citoyens possédant la plénitude du *caput*. Cicéron dit, en effet, dans le même passage : *nec enim quicquam ingenuum habere potest officina*. On comprend alors que ces gens ne pouvaient pas

(1) *Quod omnes contrahentes ex causa negotiationis vel cambii habentur et reputantur pro mercatoribus.* — Les deux citations sont empruntées à Goldschmidt, *op. cit.*, § 42 note 14.

(2) Straccha, *Tract. de mercat.*, P. III, n° 7-13 (éd. Cologne, 1595, p. 113 et suiv.). *Quomodo proeed. sit in caus. merc.*, P. II, n° 17 (*éd. cit.*, p. 505 et suiv.).

(3) Sur l'art. 1, titre XII de l'ordonn. 1673 (*éd. cit.*, p. 222).

(4) Voir sur cette évolution Goldschmidt, *Handbuch des Handelsrechts*, 2 Aufl., § 42, texte et notes 14 et 15.

être considérés comme commerçants; ils passaient, aux yeux du monde, pour des gens de condition inférieure, exerçant une profession plutôt inavouable (*sordidi quaestus*); Mercure, le dieu des voleurs en même temps que des marchands, était précisément le patron de ces gens-là. Ils n'étaient donc pas commerçants. Aussi remarquons-nous une absence complète de droit commercial à Rome. Les « actes de commerce par nature, » les achats-reventes que concluaient ces boutiquiers ne sont point réglementés d'une façon particulière; ils obéissent aux conditions communes des actes civils. Mais voilà qu'avec l'extension que Rome donne sans cesse à sa politique le gros commerce apparaît : la haute banque, le commerce de blés et le commerce maritime. Tout à l'opposé de ce qui se passait pour les boutiquiers, les gens qui s'adonnaient à ces industries étaient fort estimés (Cic., *op.* et *loc. cit.*). Les *argentarii*, les *negotiatores frumentarii* ont la plénitude du *caput;* ce sont même des gens très puissants. Aux yeux de l'opinion publique, ils exercent vraiment la profession commerciale. Cette reconnaissance unanime ne tarda pas à provoquer une réglementation spéciale. La loi, le préteur, les jurisconsultes sont intervenus en introduisant le *foenus nauticum* pour le commerce maritime, peut-être la *condictio triticaria* pour les *negotiatores frumentarii*, enfin un nombre très considérable d'institutions pour les commerçants les plus puissants, pour les banquiers : le *receptum* (1), la *compensatio* (2) et sa contre-partie l'*exceptio pecuniae pensatae* (3), l'*exceptio redhibitionis* (4) et l'*exceptio mercis non traditae* (5). Le droit commercial était né. Et l'on pourrait soutenir, encore que ce soit là une thèse un peu osée, que l'apparition de la notion de l'acte de commerce ne tarda pas à suivre à Rome celle du droit commercial. Nous faisons allusion par là aux actes qui, jusqu'au temps de Marc-Aurèle, donnaient lieu à la compensation. La compensation qui, primitivement, n'avait lieu que contre les commerçants (*argentarius* et *bonorum emtor*), a reçu

(1) Lenel, *Edictum perpetuum*, éd allemande, p. 104.
(2) Lenel, *op. cit.*, p. 202.
(3) Lenel. *op. cit.*, p. 401, 402.
(4) Lenel, *op. et loc. cit.*
(5) Lenel, *op. et loc. cit.*

ensuite une certaine extension. Le juge, ainsi que l'a démontré M. Dernburg (1), pouvait accorder le bénéfice de la compensation dans d'autres hypothèses que celles de l'*argentarius* et du *bonorum emtor*, mais il jouissait d'un pouvoir très large d'appréciation personnelle (*Gai.*, 4, 63). Nous ne croyons guère nous tromper en affirmant que le *judex* romain, en appréciant l'opportunité de la compensation, se guidait, sans doute, sur l'analogie que l'espèce à lui soumise présentait avec les actes des *argentarii*. Si la dette contre laquelle on voulait invoquer la compensation était née d'un contrat qui, à l'égard de la personne du créancier, présentait des caractères analogues à ceux des contrats des commerçants (*argentarii*), le *judex* estimait qu'il y avait lieu d'appliquer la règle commerciale de la compensation. C'était admettre implicitement la notion de l'acte de commerce. Si cette idée n'a pas reçu ensuite le développement qu'elle méritait, c'est que l'esprit romain était particulièrement défavorable à tout progrès du droit commercial; l'idée d'un *jus speciale* se heurtait impitoyablement au caractère d'uniformité qui constituait toujours le signe le plus marquant du droit romain. Le *rescriptum divi Marci* (§ 30, J., *De actionibus*), en accordant la compensation *ipso jure* dans toute hypothèse, en a fait une institution générale de droit civil. Cette mesure détruisit net la notion de l'acte de commerce avant même qu'elle fût complètement dégagée.

Si cet exemple pris dans l'histoire ne suffit pas à établir la justesse de nos considérations, nous croyons en faire la démonstration décisive, en faisant remarquer qu'il est impossible de préciser la notion de l'acte de commerce sans faire intervenir l'idée du commerçant. Qu'on consulte nos traités et commentaires du Code de commerce! Tous les auteurs, sans exception, en faisant l'exposé détaillé de l'article 632, font intervenir, à chaque instant, la notion du commerçant. M. Thaller, par exemple, qui soutient la doctrine de la circulation, qui semble la plus objective de toutes, nous parle à chaque moment, dans la théorie des actes de commerce, des

(1) La thèse de M. Dernburg ne nous paraît plus susceptible d'être contestée depuis que Studemund a déchiffré le célèbre paragraphe 63 du livre IV des Institutes de Gaius, partiellement lisible jusqu'alors.

commerçants (*op. cit.*, nos 17-40). Il en est de même des autres auteurs. Et il est matériellement impossible de donner le commentaire de l'article 632 sans employer le mot : « commerçant. »

Ainsi, il est acquis que l'idée des actes de commerce dérive logiquement et historiquement de la notion du commerçant. Nous allons donc aborder l'étude de cette dernière notion, quitte à déterminer après la relation plus précise qui existe entre cette idée et celle des actes de commerce.

*
* *

Qu'est-ce donc que le commerçant? La réponse à cette question n'est pas aisée. Les auteurs modernes se bornent à reproduire la définition de l'article 1 C. com. : « Sont commerçants ceux qui exercent des actes de commerce et en font la profession habituelle. » Mais nous avons vu qu'il est peu scientifique de vouloir induire la notion du commerçant de celle des actes de commerce. En second lieu, les théories actuelles des actes de commerce — nous avons essayé de le démontrer — sont fausses. Si nous ajoutons enfin la remarque, déjà faite, que pour définir les actes de commerce, tous les auteurs, sans exception, font intervenir la notion du commerçant, nous aurons achevé de démontrer l'inanité des définitions courantes (1).

Seul M. Valéry a entrepris l'étude véritablement scientifique de la notion du commerçant dans son article sur « *la maison de commerce et le fonds du commerce.* » (*Annales de dr. com.*, 1902.) Constatant que chaque commerçant a besoin d'une organisation spéciale : locaux, personnel, comptabilité, etc., M. Valéry souligne très justement que dans le langage courant on distingue soigneusement les locutions : « maison de commerce » et « fonds de commerce, » en réservant la première à l'élément personnel de cette organisation, et la seconde à l'élément

(1) Quant aux auteurs qui n'exigent pas l'habitude comme condition nécessaire (et c'est la théorie dominante), ils prêtent encore plus à la critique. La formule se trouve alors complètement dépourvue de sens. Il faut « exercer des actes de commerce, » il faut « en faire sa profession, » et la simple prise de profession suffirait! Au surplus, définir les commerçants par la profession commerciale, c'est commettre une pure tautologie.

matériel. Le fait pour une personne d'être chef d'une maison de commerce, la placerait dans la catégorie des commerçants. A défaut de maison de commerce, de cette organisation spéciale, pas de commerçant. On voit de suite les avantages de cette théorie sur les définitions courantes : elle ne fait pas appel à l'idée des actes de commerce, elle ne fait pas entrer dans la définition le terme à définir. Nous lui adresserons seulement deux reproches. En premier lieu, elle ne précise pas en quoi cette organisation spéciale aux commerçants se distinguerait des autres organisations similaires : un notaire, un avoué, un huissier possèdent bien une organisation connue sous le nom d'étude, et qui se compose d'éléments sensiblement pareils à ceux de l'organisation commerciale; il y a bien un local, un personnel, une comptabilité, des casiers, etc. Pourquoi ne parlons-nous alors d'une maison de commerce, mais bien d'une étude? En second lieu, cette théorie oublie qu'il y a des commerçants chez lesquels cette organisation spéciale n'existe pas, ou peu s'en faut. Tel un courtier de village, qui opère dans les cafés, et dont la comptabilité est plus rudimentaire encore que celle que tient un médecin au moyen de son carnet de visites. Pourquoi lui reconnaîtra-t on la qualité de commerçant, alors que M. Valéry la refuse expressément aux marchands ambulants, camelots vendant « la scie » du jour, toutes ces petites gens qui par leurs offres harcèlent les passants dans les rues de nos grandes villes? M. Valéry répond (1) que les courtiers sont à considérer comme commerçants en leur qualité d'auxiliaires du commerce, en vertu d'une conception subjective de la théorie de l'accessoire. Mais alors pourquoi refuser la qualité de commerçant à l'artiste qui s'est fait la spécialité de signer les affiches artistiques? Il est également un auxiliaire du commerce, et un auxiliaire presque nécessaire. Dans l'état actuel de nos mœurs, il est presque impossible de lancer certains produits sans recourir à la réclame par l'image artistique. Et pourtant l'idée n'est venue à personne de considérer M. Chéret, par exemple, comme un commerçant; on se contente de lui décerner le titre de grand artiste, créateur d'un art séduisant et nouveau.

(1) Communication personnelle.

Nous ne saurions donc accepter la théorie de la maison de commerce, même avec le tempérament qu'y apporte la théorie de l'accessoire. Mais il y a dans la conception de M. Valéry une idée très féconde, dont nous tirerons profit. C'est de son point de départ même que nous voulons parler. Quand M. Valéry a voulu établir la distinction entre la maison de commerce et le fonds de commerce, ce n'est pas dans le Code, ni dans les monuments de la jurisprudence, ce n'est pas non plus dans les discussions savantes des auteurs qu'il est allé chercher les éléments de la solution du problème. C'est dans un domaine dédaigné d'habitude par les jurisconsultes français, c'est dans ce que l'activité de la nation produit de plus significatif et de plus spontané, c'est dans la langue même, représentation fidèle et vivante des réalités, qu'il a trouvé à sa question la réponse que les théories abstraites, et même les décisions judiciaires, se refusaient à lui fournir. Et nous ne saurions trop savoir gré au distingué professeur de nous avoir indiqué cette voie nouvelle.

C'est qu'on néglige trop, de nos jours, la puissance créatrice que possède la nation en matière de Droit; on oublie cette force en ne considérant que le législateur et la jurisprudence. Et sans doute admettrait-on le pouvoir créateur de la science plus volontiers que celui du pays. Le droit législatif et le droit « prétorien » ne sont discutés par personne; on fait bien encore des réserves sur l'existence d'un droit doctrinal, mais, en tout cas, on fait fi du droit populaire. Comme si le droit n'était pas l'expression même de l'idée que la nation se fait du juste et de l'injuste! On admet que la nation puisse avoir ses notions particulières qu'elle traduira dans une langue qui lui sera propre; on s'accorde, en général, pour reconnaître l'existence de conceptions nationales en fait de morale, par exemple. On parle, jusqu'à l'abus, de « l'esprit national, » de l'esprit français, dont la clarté serait la qualité essentielle. Et cet esprit national qui se manifeste dans tant de phénomènes du domaine moral, cet esprit créateur de langue, de la morale, des mœurs, ce génie national serait impuissant à se faire une conception de ce qui est juste! On raille tous les jours l'Académie française de vouloir légiférer sur la langue au moyen de son Dictionnaire; il n'y a pas jusqu'aux journaux humoristiques qui n'aient accablé certain ministre de leurs plaisanteries parce qu'il avait tenté de rapporter quelques règles en matière d'orthographe. Mais on n'admet pas que, sauf chez quelques centaines de personnes privilégiées, membres du Parlement et magistrats, il puisse exister une conception de l'idée du juste. Il suffit que six conseillers à la Cour de cassation aient eu deux fois une notion pareille de l'idéal de la justice, et qu'ils l'aient consacrée par deux arrêts, pour que la doctrine s'incline respectueusement : *Roma locuta est.* Mais si la nation entière, par un lent travail, s'est fait une conception propre du juste et l'a manifestée par un usage constant, lorsque la coutume, pour l'appeler par son nom, s'est fixée, les auteurs se refusent à en reconnaître l'autorité. Erreur étrange! qui est, selon nous, la conséquence des idées que, sous la double influence de la philosophie du dix-huitième siècle et de la Révolution, on se fait en France de la souveraineté nationale et du droit.

D'après l'Ecole du droit de nature, le fait générateur de tout droit se trouve dans le contrat social. Or un contrat est un accord des volontés. Tout droit découle donc de la volonté, et les règles juridiques ne sont autre chose que l'expression de cette volonté. Le souverain veut que telle chose se fasse ou ne se fasse pas. Il ordonne, permet ou prohibe. Ses commandements, prohibitions et permissions constituent les règles de droit. Le droit s'analyse donc, en dernier lieu, en actes de volonté, en volitions, selon la terminologie philosophique moderne. — Cette théorie du contrat social est devenue, à la suite des idées révolutionnaires, un vrai dogme en matière sociale (1). Depuis lors, on a attaqué la théorie du contrat social, on l'a même rejetée entièrement. Mais l'on n'ose pas toucher à la théorie qui fonde le droit sur une idée de volonté; cette idée est restée toujours un article de la foi scientifique moderne. La souveraineté nationale, dont le droit est une émanation, c'est essentiellement un *pouvoir*, le pouvoir de dicter ses volontés à la société. Et dès lors on fait le raisonnement suivant : Sous le régime représentatif l'exercice direct

(1) Les idées de Rousseau, dit M. Esmein (*Dr. constitut.*, 2e éd., p. 140), ont pénétré jusqu'aux moelles de la démocratie française.

de la souveraineté ne se conçoit pas. La nation délègue l'exercice de sa souveraineté à ses représentants. Elle ne saurait donc manifester directement ses volontés, puisque ses pouvoirs se réduisent nécessairement au droit de choisir parmi les candidats et de voter pour l'un d'eux; le mandat électif est même prohibé. N'ayant pas l'exercice de la souveraineté, ne pouvant dicter directement ses volontés, la nation ne peut pas établir, sans intervention de ses représentants, des règles de droit. La coutume ne saurait avoir force obligatoire puisque le pouvoir d'ordonner, de permettre et de prohiber est entièrement remis entre les mains des représentants, qui sont les seuls législateurs. — Ce raisonnement est si simple que généralement on se dispense de l'exposer. On se borne à nier purement et simplement l'autorité de la coutume, ou bien on dit seulement, suivant une opinion plus modérée, que la coutume ne peut rien contre la loi (1). Et en effet, ce raisonnement que les auteurs font implicitement serait irréprochable, si les règles de droit s'analysaient en dernier lieu en actes de volonté. Mais s'il en était ainsi, si le droit n'était que l'expression de la volonté, comme le fait très bien remarquer M. Gierke (2), c'en serait fait de la justice! La science de droit se réduirait à cataloguer les actes de pur arbitraire. En fait, heureusement, nous n'en sommes pas là. Le droit n'est pas l'expression de la volonté, mais bien l'expression de l'idéal de justice que la nation a conçu. L'idée du juste, comme toute idée d'ailleurs, n'est pas un acte de volonté, pas plus qu'elle ne se confond avec la notion de l'utile, comme le prétendent certains auteurs. Mais si le droit n'est ni l'expression d'une volonté, ni une forme de l'utile, s'il constitue, bien au contraire, une conception *nationale* de la notion du juste, on ne voit pas de raison qui empêche la coutume de constituer une source du droit au même titre que la loi. Pourquoi refuser tout crédit à une conception que le pays a élaborée peu à peu, par un travail long et patient, pourquoi exclure cette production spontanée de

(1) En matière civile, la plupart des auteurs admettent encore que l'article 7 de la loi du 30 ventôse an XII prohibe la coutume.

(2) *Deutsches Privatrecht*, I, p. 116. Nous empruntons à M. Gierke une partie de nos développements.

l'esprit national, alors qu'on s'incline devant la loi qui n'est, elle aussi, en définitive, qu'une affirmation émanée de l'autorité compétente, à savoir que telle règle est conforme à l'idée que la nation se fait de la justice. Remarquons encore que la compétence de cette autorité ne résulte que de la consécration qu'a donnée le pays à ceux qui constituent cette autorité. Dès lors, on ne saurait refuser l'autorité à la coutume, qui est la manifestation directe de la conscience juridique du pays, ni admettre davantage son infériorité par rapport à la loi, celle-ci n'étant que la manifestation indirecte, donc nécessairement imparfaite, de cette même conscience. Et, en ce qui concerne plus particulièrement notre sujet, pourquoi s'obstiner à rechercher la définition abstraite et sèche du commerçant dans la loi, qui, d'ailleurs, ne nous la fournit pas, ainsi que nous le prouverons plus loin, au lieu de la prendre dans les notions concrètes, essentiellement vivantes, que la coutume dégage des réalités de chaque jour?

Si nous nous plaçons à ce dernier point de vue, nous constaterons aisément que la qualité de commerçant n'est point quelque chose d'absolu, d'invariable, mais qu'elle est au contraire essentiellement relative, et qu'elle se modifie selon les contingences sociales, toujours changeantes. Telle profession qui, dans telles conditions de milieu, a été considérée comme non commerciale, peut devenir, dans d'autres conditions, commerciale et inversement. Selon les mœurs, le rang, la classe qui s'attachent à l'exercice de telle profession, celle-ci sera classée d'après les habitudes du pays et de l'époque parmi les professions commerciales ou non commerciales. Tout dépend de la « température morale, » pour employer le mot de M. Taine. Les *unguentarii* et *pharmacopolae* n'étaient pas commerçants à Rome, ils étaient *mercatores* et non *negotiatores;* leur condition sociale était trop inférieure pour qu'ils pussent exercer la profession de commerçant, on les tenait pour des gens de la pire espèce : mimes, baladins, petites chanteuses ambulantes pour lesquelles le chant n'était qu'une ressource subsidiaire, etc. (1). Au moyen âge, leur condition change : ils deviennent artisans ou commerçants selon l'influence plus

(1) Horace, *Sat.*, I, 2 : *Ambubajarum collegia, pharmacopolae, — Mendici,*

ou moins grande dans les diverses régions de la théorie canonique du commerce. A notre époque enfin, les apothicaires sont de véritables commerçants, et même en échangeant leur ancien nom contre la dénomination plus noble des pharmaciens, ils prétendent faire mieux encore que du commerce, et notamment exercer une profession libérale.

Et il ne faudrait pas croire que l'exemple des apothicaires soit un fait isolé dans l'histoire de l'idée du commerçant. On en pourrait citer plusieurs, mais pour ne pas surcharger l'esprit du lecteur, bornons-nous à esquisser, aussi succinctement que possible, l'évolution générale de cette notion du commerçant.

L'Eglise interdisait, comme l'on sait, le prêt à intérêt. D'un autre côté, elle ne pouvait pas être favorable au commerce, vu le texte sacré : *Et introivit Jesus in templum Dei, et ejecit omnes qui vendebant et qui emebant in templo* (Matth., XXI, 12). Toute « spéculation, » tout commerce devait nécessairement être suspect à ses yeux. Aussi de bonne heure a-t-elle posé l'interdiction de *carius vendere quam emere* (1). Pourtant, on ne pouvait pas prohiber tout commerce; c'eût été tenter l'impossible. Ne pouvant le proscrire d'une manière absolue, l'Eglise a tout au moins tenté de le réglementer, d'exercer sur lui son action dans la mesure du possible. La défense de *carius vendere quam emere* n'ayant pas pu être appliquée dans toute sa rigueur, on a tâché, tout en en maintenant le principe, d'en restreindre le champ d'application. On y est arrivé en déclarant que la défense s'appliquerait à celui qui vendrait la chose dans le même état qu'il l'aurait achetée, à celui dont le rôle se bornerait à servir de simple intermédiaire. Celui au contraire qui aurait transformé ou amélioré la marchandise, ne devait pas tomber sous le coup de la prohibition canonique. Avec cette distinction, la différence entre l'artisan (*artifex*) et le commerçant (*negotiator*) fut nettement posée. C'est en effet ce que nous dit le canon *Ejiciens* (c. 11, § 2, D. 88, *Palea*) du décret de Gratien : *Quicunque rem comparat, non ut ipsam*

*mimae, balatrones, hoc genus omne — Moestum ac sollicitum est cantoris morte Tigelli.* — Comp. Aulu-Gelle, *Noctes*, I, 15.

(1) Saint Thomas d'Aquin, *Sum. Th. II*, 2, qu. 77, art. 4 *pr.*, cite déjà saint Jean Chrysostome et Cassiodore en ce sens.

*rem integram et immutatam vendat, sed ut materia sibi sit inde aliquid operandi, ille non est negotiator; qui autem comparat rem, ut illam ipsam integram et immutatam dando lucretur, ille est mercator qui de templo Dei ejicitur.* Au cours des siècles on a dû peu à peu abandonner la défense de *carius vendere quam emere* (1), qui aurait paralysé les progrès du commerce. Mais ce qui resta de la théorie canonique, c'était la distinction très nette entre l'artisan et le commerçant. Celle-ci s'est conservée à travers tout le moyen âge, et même bien au delà les théoriciens italiens de la fin du seizième et du commencement du dix-septième siècle l'ont maintenue (2). Il a fallu que l'ordonnance de 1673 (titre XII, art. 4) déclarât les actes des artisans commerciaux pour amener un changement dans l'opinion. Aujourd'hui, on n'éprouve aucune difficulté à reconnaître aux artisans le caractère des commerçants, pourvu qu'ils fournissent les matières premières (3).

Et si à présent nous nous plaçons sur un autre terrain, n'est-il pas vrai qu'une profession réputée jusqu'alors libérale peut, à la suite d'un changement dans les mœurs, devenir commerciale. N'en avons-nous pas une preuve éclatante dans ce qui se passe de nos jours pour la profession médicale? Sous la poussée de diverses circonstances, que nous n'avons pas à examiner à cette place, la profession de médecin baisse de

(1) Voy. saint Thomas d'Aquin, *op. et loc. cit.*, qui est déjà plus libéral que le canon *Ejiciens*.

(2) Scaccia, *Tract. de commerciis*, § 1, qu. 1, n° 12 (éd. Cologne, 1738, p. 2). *Negotiatio seu mercatura, id est, negotiator seu mercator, quando rem, quam causa lucrandi emit, postea immutatam revendit, dicitur propria negotiatio seu mercatura, id est, negotiator seu mercator...* N° 13 : *Quando vero emit, ut mutata forma revendat, non retinet nomen negotiationis seu mercaturae, sicque is non dicitur negotiator seu mercator, sed dicitur artificium et artifex, ut cum quis emit vimina et facit caustra, emit filum et facit retia...* Cf. *eod.*, § 1, qu. 7, par. 2, ampliat 11, n° 7 (éd. Cologne, 1738, p. 244), où Scaccia développe d'une façon ingénieuse la théorie de saint Thomas d'Aquin. — Le fabricant qui ne façonnait pas personnellement, mais qui avait recours aux ouvriers était réputé commerçant. Scaccia, § 1, qu. 1, n° 13 *in fine : Adverte tamen, quod etsi saepe mercatores merces emant, easdemque non sua opera, sed aliena elaborandas curent, animo forsan quaestus et causa transmittendi ad extraneas civitates; tamen in eo sunt mercatores, ut scribit Straccha, tract. de mercat part. 1, nu. 20, tom. 6, par. 1, fol. 285.*

(3) Orléans, 25 juin 1850, D., 52, 2, 74. Pau, 27 décembre 1859, D., 61, 5, 113. Paris, 14 juillet 1843, *J. P.*, 43, 2, 341.

jour en jour. Le docteur moderne n'est plus le médecin d'autrefois. Celui-ci était un confident de la famille, un ami dont les services n'étaient pas rétribués; on lui donnait bien des honoraires, mais ceux-ci gardaient leur sens romain (1). Aujourd'hui, les choses ont changé. Le médecin n'est confident qu'*ex necessitate*, il n'est plus l'ami de famille. C'est un personnage qui fait des « visites » ou donne des « consultations » à tant chacune. Le prix peut être fixe ou susceptible d'être débattu, mais c'est bien un prix dont on poursuit le payement en justice. En cas de contestation au sujet du chiffre, les tribunaux se réservent le droit de réduction, et ils sont obligés d'en user plus souvent qu'il ne serait désirable. — Les médecins ont si bien senti ce changement dans leur condition sociale, que ceux d'entre eux qui n'ont pas le souci des anciennes traditions et des anciens scrupules se sont empressés de « commercialiser, » — qu'on me pardonne ce barbarisme, mais il est tout naturel pour désigner ce procédé barbare, — leur profession : ils vendent et achètent la clientèle avec le droit au bail; ils se sont constitués un véritable fonds de commerce. On est allé même plus loin. Les jeunes médecins de campagne ne se contentent plus d'attendre leurs clients, les paysans des villages voisins, dans leur cabinet. Ils vont au-devant du client; ils font des tournées dans le canton et établissent leur cabinet ambulant dans les cafés des villages qu'ils parcourent. La réclame, la vulgaire réclame commerciale n'est pas dédaignée non plus par ces praticiens (2). Ces pratiques sont déplorables et la grosse majorité du corps médical les blâme, bien entendu, mais il n'empêche qu'elles gagnent tous les jours du terrain, et il est à craindre qu'elles ne se généralisent. Supposons que cette tendance aboutisse. La profession de médecin sera, à n'en pas douter, considérée comme commerciale. Aux yeux du public, le médecin sera un commerçant, et si la jurisprudence commence à valider les cessions des « fonds de commerce des médecins, » elle en arrivera né-

(1) Sur la distinction entre le prix et les honoraires, voy. *infrà*.

(2) L'auteur de cet article a vu de ses propres yeux, dans un canton rural du Midi, des affiches dont le libellé était conçu en ces termes : « Le docteur X, habitant N..., reçoit à M... tous les jeudis et samedis, au Café du Nord, de 2 heures à 4 heures. »

cessairement à appliquer aux médecins les autres règles du droit commercial. La transformation sera accomplie.

Ces quelques exemples suffisent, croyons-nous, pour démontrer que la qualité de commerçant n'a rien d'absolu, qu'elle est essentiellement variable et changeante selon les conditions de temps et de lieu. Les anciens *pharmacopolae*, les apothicaires du moyen âge, les pharmaciens modernes, étaient tous animés de l'esprit de spéculation. Le renom des comptes d'apothicaire ne date ni d'aujourd'hui, ni d'hier. Et si l'on soutient que le pharmacien moderne tend de plus en plus à vendre des spécialités toutes faites, il n'en reste pas moins vrai que la confection des remèdes d'après l'ordonnance du médecin constitue la source principale de ses profits. D'ailleurs les apothicaires médiévaux achetaient également des remèdes tout faits qu'ils se bornaient à détailler (1); ils étaient donc également des « intermédiaires. » Et pourtant ils ne sont devenus commerçants que très tard. Il reste donc acquis que la qualité de commerçant ne peut s'apprécier d'après les éléments intrinsèques, mais qu'elle résulte au contraire des conditions purement extrinsèques. *Est commerçant toute personne qui, à raison de la profession qu'elle exerce, est réputée dans la vie courante comme tel.*

Le commerce à notre époque, en effet, n'a pas de limites fixes et absolues. Sans parler des progrès toujours croissants de la science et de l'industrie, qui font surgir à chaque instant des besoins nouveaux et, par suite, des professions nouvelles destinées à satisfaire ces besoins, sans parler de cette extension moderne du commerce, il est bon de faire remarquer que les commerçants ne constituent plus aujourd'hui un corps fermé. Nous n'avons plus un *numerus clausus* de communautés ou maîtrises, et en matière de commerce règne la plus grande liberté. Mais de l'autre côté, il est incontestable que les commerçants, s'ils ont cessé de former un « corps, » un « état, » constituent toujours une classe sociale avec ses usages, ses mœurs et son droit propres. La loi n'ayant pas déterminé les caractères distinctifs de cette classe (l'art. 1 C. com. n'établit,

(1) F. Gay, *Une lignée d'apothicaires montpelliérains* (Discours de rentrée, Montpellier, 1896), p. 8 *et passim*).

comme l'on verra plus loin, qu'une chose, savoir que la qualité de commerçant résulte de l'exercice d'une profession), c'est à la coutume qu'il faut laisser le soin de fixer une délimitation plus nette. Mais la coutume, qui est l'expression vivante des réalités juridiques, sait parfaitement que la qualité de commerçant n'est pas une donnée fixe et invariable, mais au contraire qu'elle résulte des conceptions populaires qui changent avec « la température morale » du pays, avec l'état général des mœurs. N'étant pas emprisonnée, comme la loi, dans une formule étroite et sèche, la coutume peut se dispenser de donner une définition abstraite des commerçants, en décidant de façon concrète pour chaque profession, si elle est commerciale ou non.

A tort ou à raison, nous distinguons encore dans l'état actuel de nos mœurs différentes classes dans la société. Nous regardons chaque classe comme ayant un *modus vivendi* qui lui est propre, et à chacune s'attache une considération particulière. Une définition abstraite des commerçants est impossible, parce que la qualité de commerçant ne résulte pas, d'après le sentiment populaire, de la réalisation de deux ou trois conditions précises, mais elle s'établit beaucoup plutôt par un ensemble de circonstances multiples qui forment un *modus vivendi* spécial aux commerçants, qui constituent comme un *habitus* général des personnes faisant le commerce.

Et il ne faudrait pas croire que, faute d'une formule abstraite pour le fixer, le critérium que nous proposons en soit par là-même quelque peu vague et incertain. Si la coutume ne nous donne pas de définition générale des commerçants, elle accorde par contre, ou elle refuse pour tous les cas concrets, avec une rigoureuse précision, la qualité commerciale à chaque profession. Cela est tellement vrai que malgré la grande diversité des systèmes théoriques proposés par la doctrine, systèmes dont l'application rigoureuse conduirait à des solutions divergentes, les résultats pratiques auxquels arrivent les auteurs concordent non seulement entre eux, mais — chose relativement rare — avec les données de la jurisprudence. Ce ne sont certainement pas les textes qui contribuent à établir pareille concordance. Personne, en fait, ne regarde l'énumération de l'article 632 C. com. comme limitative; l'affirmation de l'idée contraire, qui se rencontre dans la plupart des traités de droit commercial, n'est guère qu'une protestation platonique, qu'on s'empresse d'oublier dès qu'on passe en revue les différentes professions commerciales. De l'autre côté, l'énumération légale est loin d'être précise : ses termes sont excessivement vagues et équivoques. Eh bien, malgré ce texte défectueux, malgré la diversité des systèmes, il règne une concordance parfaite entre les solutions pratiques admises par les auteurs et la jurisprudence. C'est que les systèmes doctrinaux sont inventés après coup pour justifier au moyen d'une théorie d'ensemble les résultats acquis par ailleurs. Membres de la même communauté nationale, les auteurs savent que, d'après les idées reçues dans cette communauté, autrement dit d'après la coutume, telle profession est réputée commerciale, et telle autre non.

La notion concrète s'impose avec une telle force (c'est l'*opinio necessitatis* qui caractérise chaque règle du droit coutumier) que les auteurs abandonnent partiellement la théorie émise, plutôt que de sacrifier cette solution pratique, fournie par d'autres données. Ainsi s'expliquent toutes ces phrases restrictives, dont les auteurs entourent le développement détaillé de leur thèse. Certes, nous nous garderons bien de leur en faire un reproche ; il vaut toujours mieux, pour nous, adopter des solutions justes, même si elles ne sont telles que grâce à une déduction vicieuse de principes erronés, plutôt que des conséquences, découlant avec une logique irréprochable des mêmes faux principes, et fausses, par conséquent, comme ceux-ci. Où les auteurs ont tort, c'est quand ils cherchent, souvent au prix d'efforts inouis, à justifier, au moyen des théories abstraites, les solutions coutumières. La coutume n'a pas besoin d'être justifiée, elle se suffit à elle-même ; comme la loi, mieux peut-être que la loi, puisqu'elle est l'expression directe de la conscience juridique du pays, la coutume porte sa justification dans son existence même.

La jurisprudence, qui par son fonctionnement même est plus en contact avec le pays et qui par suite a, en général, un plus juste sentiment de la coutume, procède d'une façon plus scientifique que ne le font les auteurs, lorsqu'elle déclare parfois, sans en donner les motifs, commerçantes les personnes qui sont réputées dans la vie comme telles. Si nous partagions le préjugé qui admet l'autorité sans limites de la jurisprudence, nous pourrions faire grand état d'un arrêt de la Cour de cassation (Cass., 24 juillet 1883, S., 85, 1, 72, époux de Jarland). Par cet arrêt, la Cour suprême a rejeté le pourvoi formé contre un arrêt de la Cour de Paris qui avait déclaré commerçante la couturière, qui fournit à sa clientèle tout ou partie des étoffes et garnitures employées dans ses confections, sans distinguer, malgré les conclusions formelles des appelants (ép. de Jarland) entre la marchande couturière, qui achète à l'avance des étoffes ou bien qui fait traiter les étoffes par de nombreuses ouvrières, et l'ouvrière à la façon n'achetant tout ou partie des étoffes qu'au fur et à mesure des commandes qu'elle reçoit et dans les limites restreintes de ces commandes. La Cour de Paris a refusé, ainsi qu'on le voit, de faire une application de la distinction théorique admise par la doctrine entre l'artisan achetant dans les limites de ses commandes et « l'intermédiaire, » qui achète à l'avance les matières premières et les revend après les avoir façonnées au fur et à mesure des offres qui se présenteront. La Cour de cassation a néanmoins rejeté le pourvoi formé contre cet arrêt. « Attendu, — dit la Cour suprême, — qu'il résulte des motifs du jugement adopté par la Cour et des motifs de l'arrêt attaqué, que la dame de Jarland, qualifiée couturière, faisait véritablement le commerce et que ce commerce avait pour objet l'achat et la revente des marchandises après les avoir confectionnées; que cela ressort de la continuité de ces achats dans la même maison *qui connaissait depuis longtemps son genre d'industrie*, *et qui*, *en vue de cette entreprise commerciale*, *lui vendait les marchandises à crédit, contrairement à ce qui avait lieu pour les chalands ordinaires non-commerçants.* » Nous avons souligné la dernière phrase qui indique l'unique motif de la décision rendue par la Cour suprême. Il s'agissait de préciser quels achats-reventes caractérisent l'artisan et quels achats-reventes confèrent la qualité de commerçant. La Cour de cassation dit (*arg. a contrario* de l'arrêt) que la distinction courante qui a été indiquée dans les conclusions des appelants devant la Cour de Paris est sans valeur. Ce qui importe, c'est le fait d'avoir été considéré et traité dans la vie courante comme commerçant. La demanderesse en cassation était considérée dans le monde d'affaires comme commerçante; elle jouissait d'un crédit qu'on refusait aux non-commerçants. La Cour décide, qu'en droit, on doit tenir compte de cette réputation publique. On le voit, le critérium de la Cour suprême n'est pas autre que celui que nous avons dégagé tout à l'heure : *Est commerçant tout individu qui à raison de la profession exercée par lui est considéré dans la vie courante comme tel.*

On ne saurait donner ici le catalogue complet de professions commerciales; sa place est dans les répertoires. Nous devons nous borner à indiquer, très sommairement d'ailleurs et à titre d'exemple seulement, quelques tendances caractéristiques (dont quelques-unes seraient même insuffisantes à fonder une distinction) qu'on peut rencontrer dans les notions coutumières sur le commerce et les commerçants.

D'après une conception populaire qui remonte très loin et qui se retrouve dans toutes les populations dont le droit a une origine germanique, la qualité de propriétaire foncier domine toutes les autres. C'est ainsi qu'au moyen âge elle est arrivée à être la base même de l'organisation sociale, dans laquelle la condition des personnes était déterminée d'après celle des terres. Le mot *honor* désignait à la fois la terre concédée et l'office qui y était attaché. C'est ainsi encore que de nos jours le mot « propriétaire » désigne plus spécialement le propriétaire rural, et pris dans une acception un peu plus large, tout propriétaire foncier; mais jamais il n'est appliqué, du moins quand on l'emploie sans complément, à la propriété mobilière. Cette prédominance de la qualité de propriétaire dans la personne qui possède un immeuble fait que dans les notions coutumières une exploitation agricole ou minière ou, pour parler plus généralement, une « spéculation immobilière, » ne peut jamais être considérée comme commerciale. La qualité de commerçant s'efface devant le caractère de propriétaire foncier, celui-ci absorbe celle-là. — Cette exclusion des actes relatifs aux immeubles du domaine du droit commercial est admise par tout le monde, et pourtant elle ne se justifie dans aucun des systèmes proposés par les auteurs. Pour la théorie classique de la spéculation, cela est évident. Pour les théories empruntées à l'économie politique : celle de l'entremise et celle de la circulation, on devrait au moins considérer comme commerciale l'exploitation agricole. Le rôle de la terre dans la circulation des richesses est, en effet, pareil à celui que joue le capital. Dès lors, si l'on considère l'industriel qui fournit le capital, et, par là, sert d'intermédiaire entre les ouvriers et le consommateur, comme un commerçant, on devrait traiter de même le propriétaire rural qui s'interpose également entre la main-d'œuvre agricole et le consommateur. La raison qu'on voudrait tirer des textes (art. 487, al. 2, art. 639, al. 1, 2°, C. com.) pour justifier l'exclusion des actes relatifs aux immeubles n'est pas, elle non plus, décisive. Ces textes prouveraient tout au plus l'exclusion de la compétence consulaire, sans préjuger au caractère commercial ou non commercial des actes mêmes. Et même en supposant l'argument des textes fondé, il faudrait interpréter les dispositions légales restrictivement, comme étant des exceptions injustifiées à la théorie générale qu'on dit être contenue dans le Code. La vente notamment des produits de l'exploitation devrait être considérée comme commerciale; or, personne n'admet cette solution. Dans notre système, au contraire, la non-application de règles du droit commercial aux actes relatifs aux immeubles s'explique parfaitement. Le caractère de propriétaire domine, dans la notion populaire, la qualité de commerçant, l'absorbe pour ainsi dire.

En second lieu, les notions coutumières qui évoluent plus lentement que l'œuvre législative sont encore fort influencées par les souvenirs anciens. La distinction canonique entre les artisans et les commerçants persiste toujours, bien que considérablement affaiblie. La personne qui n'achète pas de matières premières, qui ne fournit que son travail et celui de ses compagnons, n'est pas considérée comme faisant le commerce. De même l'artisan, qui achète les matières premières et qui les vend après les avoir façonnées, n'est pas réputé commerçant, d'après les conceptions populaires, lorsque le prix de revente est payé principalement à raison du travail fourni, et non de la valeur de la matière première : *rem comparat, non ut ipsam rem integram et immutatam vendat, sed ut materia sibi sit inde aliquid operandi.*

Le souvenir des anciennes maîtrises contribue, de son côté, à faire exclure des professions commerciales les personnes qui ne sont pas indépendantes : chefs de succursales, directeurs de sociétés anonymes, etc. Pour être commerçant, il faut être « patron, » comme autrefois il fallait être reçu « maître. » Une raison analogue s'oppose à ce qu'on qualifie de commerçants toutes ces petites gens qui gagnent leur vie au jour le jour par la vente de marchandises de peu de valeur : vendeurs de journaux (même lorsque les invendus ne sont pas repris), marchands des quatre-saisons, *et hoc genus omne*. Bien qu'ils vendent *rem integram et immutatam*, leur condition sociale est par trop inférieure pour qu'ils puissent laisser supposer quelque indépendance, et, par là, avoir droit à la considération dont on entoure les commerçants. Ici, la langue sera d'un puissant secours; dans le langage courant, on qualifie ces gens de « vendeurs » ou bien de « marchands, » en prenant ce dernier mot dans la signification qu'il avait dans le latin classique (*mercator* et non *negotiator*) ; on ne dit jamais en parlant d'eux « commerçants » ou « petits négociants. »

Un souvenir encore de la théorie canonique — et, par là, nous allons clore notre énumération forcément incomplète, — fait refuser la qualité de commerçant aux personnes dont les profits ne sont pas incertains, et à plus forte raison à celles dont les services ne sont pas rétribués. Par là se trouvent exclues non seulement les personnes dont les revenus consistent en appointements fixes, mais encore toutes les professions libérales. En vertu d'une idée que les mœurs modernes tendent à contredire de plus en plus, les soins de médecin, les conseils d'avocat, l'œuvre d'art commandée à un artiste ne sont pas susceptibles d'évaluation pécuniaire. A tort ou à raison, on considère ces choses comme étant d'un ordre plus élevé, comme inestimables à prix d'argent. Les honoraires qu'on donne aux avocats, aux médecins, ne sont pas la rétribution des services rendus, l'argent remis à l'artiste ne représente pas le prix vénal de l'œuvre d'art. Loin d'être un salaire ou un prix, les honoraires sont au contraire le moyen extérieur d'exprimer la reconnaissance de la personne qui les offre. C'est plutôt un présent offert en témoignage de gratitude, présent dont la valeur est proportionnée non à la valeur des services rendus, qui sont inappréciables, mais à la fortune et au degré de reconnaissance du donateur. Pour exprimer notre pensée en d'autres termes, la personne qui offre les honoraires n'est pas un *chaland*, mais bien un *client* au sens romain de ce mot (1).

*
* *

Nous nous sommes quelque peu étendu sur la notion du commerçant, mais il importait d'y insister, puisque, comme cela a été indiqué plus haut, c'est cette idée qui nous permettra de dégager la distinction entre les actes de commerce et les actes civils. Ce point important maintenant précisé, nous pouvons entrer avec plus de sûreté dans l'objet principal de notre étude, savoir la détermination des actes qui sont réputés commerciaux.

On a sans doute pressenti déjà quelle est la solution que nous sommes conduit à proposer. En effet, si l'on nous accorde que la caractéristique des actes de commerce doit être cherchée dans l'élément subjectif, personnel de la notion du commerce, il paraît tout naturel de réputer en premier lieu commerciaux les actes qu'un commerçant accomplit en sa qualité de commerçant, *qua negotiator*. Ce sont les actes que la doctrine désigne sous le nom d'actes de commerce à raison de leur nature, et dont l'article 632 C. com. nous présente quelques exemples topiques. Lorsqu'un commerçant achète des marchandises pour les revendre, il le fait *qua negotiator;* régulièrement, il n'y a que les commerçants qui achètent pour revendre. D'après les notions coutumières, les achats-reventes constituent le domaine propre de l'activité des commerçants. Et telle est la force de cette conception que, lorsqu'exceptionnellement une personne étrangère au négoce passe un acte de cette nature, elle sera réputée, quant à cet acte, commerçante

(1) Par là, on voit que l'intention de l'avocat ou du médecin importe peu. Il peut être animé d'un esprit de spéculation à outrance, les honoraires n'en resteront pas moins le témoignage de la reconnaissance qu'on lui doit à raison des services rendus. Tout au plus, l'avocat ou le médecin peut « extorquer » ce témoignage de reconnaissance, en refusant de prêter son concours, si cette reconnaissance ne se traduit pas par un nombre suffisant d'espèces sonnantes. — Malheureusement cette notion traditionnelle des honoraires tend à disparaître de nos mœurs actuelles. Ce n'est pas ici le lieu de rechercher les causes de cette transformation.

*quoad negotium gestum* (1). Elle s'est « immiscée dans le négoce, » comme dit Jousse, elle a empiété sur le domaine propre de l'activité commerciale. Il est juste dès lors qu'elle subisse, quant à cet acte, les conséquences de son empiétement.

Cette façon de comprendre les « actes de commerce par nature » nous permet d'expliquer de suite pourquoi l'achat d'un fonds de commerce est commercial. La doctrine dominante fait résulter le caractère commercial de la cession du fonds de commerce de la théorie de l'accessoire. Mais cette conception, — la remarque en a déjà été faite, — a quelque chose de forcé. D'après la théorie courante, la qualité de commerçant résulte de l'exercice des actes de commerce. Voici un individu qui n'a jamais fait le moindre acte de commerce ; il achète un fonds. La doctrine dit : par l'achat du fonds de commerce cet individu est devenu commerçant, et, puisqu'il est commerçant, l'achat du fonds sera réputé commercial, parce que c'est un acte qui a été accompli par un commerçant en vue de son commerce. La personne est commerçante parce qu'elle a acheté, et l'achat est commercial parce que l'acheteur est commerçant. C'est un cercle vicieux que l'habileté la plus grande ne parviendra jamais à dissimuler. Dans notre théorie, la cession du fonds de commerce ne peut prêter à aucune difficulté. Pour nous, la qualité de commerçant ne résulte pas de l'exercice des actes de commerce. Dès lors, il est tout naturel de considérer cette cession comme commerciale ; c'est la première opération qui est faite par un commerçant en sa qualité de commerçant. Il peut arriver que l'acheteur d'un fonds de commerce ne fera jamais du commerce, par exemple lorsqu'il meurt avant d'avoir pris la possession du fonds cédé (2). Peu

(1) On a vu plus haut que telle fut la conception de notre ancien droit. Il faut toujours revenir à cette fiction de la qualité de commerçant *quoad negotium gestum*. C'est la seule conception qui soit fondée à la fois historiquement et rationnellement. D'ailleurs il n'est pas bien sûr que ce soit là une fiction; nous serions volontiers portés à y voir une réalité juridique. Les *societates unius negotiationis* nous présentent un exemple frappant de cette catégorie de commerçants *quoad negotium gestum*, et pourtant personne n'y voit une fiction.

(2) Cette hypothèse est inexplicable, même dans l'opinion de ceux qui admettent que le caractère commercial peut être attribué aux actes qui sont accessoires d'un acte de commerce futur.

importe, l'achat n'en sera pas moins commercial, parce qu'il a été accompli par une personne qui a été déjà considérée comme commerçante, et ce, en sa qualité de commerçant (1).

(1) La place nous manque pour développer toutes les conséquences pratiques qui découlent de notre conception des actes de commerce. Nous n'en relèverons qu'une seule; mais elle présente, il est vrai, un intérêt capital. Un acte de commerce isolé fait par un mineur non habilité est-il annulable *de plano*, ou doit-on exiger qu'il y ait lésion? La théorie dominante (Lyon-Caen et Renault, I, n. 238. Thaller, n. 155) fidèle à sa conception objective des actes de commerce décide que la nullité existe même en l'absence de toute lésion. En effet, le caractère commercial de l'acte est, dans cette théorie, un élément intrinsèque, inhérent à l'acte même. De l'autre côté, l'art. 3 C. co. soumet les actes de commerce isolés faits par un mineur à certaines conditions de forme. Dès lors il paraît naturel d'appliquer à ces actes les dispositions a *contrario* de l'art. 1314 C. civ. et non celles de l'art. 1305. Il est à peine besoin d'indiquer les conséquences fâcheuses de ce système. Un mineur achète un objet dans l'intention de gaspiller son argent (ainsi en faisant des dépenses folles par pur snobisme et pour faire étalage de ses richesses). Il arrive, de façon tout à fait imprévue, qu'il n'est pas lésé. Ayant par la suite besoin d'argent, il revend cet objet avec un bénéfice sur le prix de revient (Nous admettons qu'il n'ait eu, au moment de l'achat, en aucune façon l'intention de revendre). Les deux actes seront valables, puisque ce sont des opérations civiles et que les conditions d'application de l'article 1305 C. civ. ne sont point réalisées. Mais si ce mineur achète le même objet dans l'intention de s'enrichir en le revendant, intention en principe louable, et si, en effet, il le revend ensuite, aussi bien l'achat que la vente seront annulables *de plano*, même si d'aucun de ces actes n'est résultée une lésion pour le mineur. — Nous avouons ne pas comprendre les raisons de cette différence.

Tous ces inconvénients sont évités dans notre théorie. D'après nous, le caractère commercial de l'acte fait par une personne étrangère au négoce résulte de ce que cette personne est réputée commerçante *quoad negotium gestum*. Dès lors l'art. 3 C. co. signifie seulement que le mineur non habilité qui fait une opération isolée de commerce ne sera pas réputé, par une mesure de protection spéciale, commerçant *quoad negotium gestum*. Par conséquent il ne pourra se réclamer ni de la compétence consulaire, ni des facilités de preuves, deux conséquences découlant de la qualité de commerçant. Quant à la validité de l'acte, elle sera déterminée par les règles de droit civil. Cette solution n'est pas contraire aux termes des articles 2 et 3 C. co. L'article 2 dit que le mineur « ne pourra... être réputé majeur quant aux engagements par lui contractés pour faits de commerce, » c'est-à-dire qu'il sera réputé mineur et qu'en cette qualité il restera sujet à la règle *minor restituitur, etc.* En outre c'est la seule solution qui soit rationnelle. Si notre droit, pour certains actes accomplis par un mineur, fait abstraction de la lésion, c'est que ces actes se distinguent par une particularité intrinsèque de leur objet. Une aliénation immobilière, un partage de succession obéissent à des règles qui leur sont propres, ils ont une nature juridique propre qui les distingue en toute hypothèse des ventes mobilières ou des partages des biens individuels. Mais les actes de commerce n'ont pas une nature juridique qui leur soit propre. Quant à leur nature intrinsèque, un achat ou une vente ne se distinguent pas des achats et ventes civils. Ce qui les rend commerciaux c'est un élément extrin-

Pour nous donc les opérations faites par un commerçant *qua negotiator* sont commerciales. Ces actes sont si intimement liés à l'idée du commerçant, qu'on ne conçoit pas qu'un particulier puisse les faire, tout en gardant sa qualité de personne étrangère au négoce. Il sera réputé commerçant *quoad negotium gestum*. Mais comme ces opérations dans leur forme ne se distinguent pas des actes civils, il faudra toujours établir, en ce qui concerne chaque cas concret, ce caractère particulier. Les achats commerciaux, par exemple, ne se distinguent pas extérieurement des achats civils. Si l'on veut faire attribuer le caractère commercial à un achat fait par une personne étrangère au négoce, il faudra établir que si cet achat avait été fait par un commerçant, il l'eût été par lui *qua negotiator*, en sa qualité de commerçant (1). — En ce qui concerne les commerçants, il existe une présomption que tous les actes passés par eux sont commerciaux, sauf preuve contraire.

La lettre de change possède, au contraire, une forme extérieure qui permet de la distinguer des titres purement civils. Quiconque contractera donc un engagement dans la forme de la lettre de change sera réputé commerçant quant à cet engagement, et on ne sera plus admis à faire la preuve que cet engagement n'eût pas été contracté par un commerçant *qua negotiator*. La forme de la lettre de change fonde une présomption *juris et de jure* que l'engagement qui lui sert de cause est commercial (2).

sèque, savoir la qualité (momentanée ou permanente) de commerçant qui est attribuée à leur auteur. Si la loi subordonne la reconnaissance de cette qualité, en ce qui concerne les mineurs, à l'accomplissement de certaines formalités, la seule sanction de l'inobservation de ces formalités est que le mineur non habilité ne sera pas réputé commerçant, et qu'en conséquence les actes accomplis par lui ne seront pas commerciaux, mais bien civils. Leur validité s'appréciera donc d'après les règles ordinaires du droit civil.

(1) Il ne suffirait pas d'établir que l'achat a été fait dans l'intention de revendre la chose achetée. Il y a des achats-reventes qui, lors même qu'ils sont accomplis par un commerçant, ne sont pas faits par lui *qua negotiator*. Tel serait l'achat des marchandises avec l'intention de les revendre au profit d'une œuvre charitable. Un commerçant, en faisant un achat pareil, n'agit pas en sa qualité de commerçant, mais bien en sa qualité d'homme charitable. Comp. aussi un arrêt très intéressant de la Cour d'Alger du 2 juillet 1900. D., 02, 2, 21.

(2) Une présomption analogue existe depuis la loi du 1er août 1893 en ce qui concerne le caractère commercial des sociétés par actions.

En second lieu, sont actes de commerce les actes (le mot acte s'entend ici *lato sensu* en comprenant même les délits et les quasi-délits) par lesquels un commerçant s'obligerait à raison ou à l'occasion de son commerce, *ratione vel occasione negotiationis.* Cette catégorie d'actes est connue dans la doctrine sous le nom d'actes de commerce en vertu de la théorie de l'accessoire, ou actes de commerce par relation. Le lien qui rattache ces actes à l'idée du commerçant est moins étroit que pour la catégorie précédente. Non seulement on conçoit parfaitement que ces actes puissent être accomplis par des personnes étrangères au négoce, mais même c'est là la situation normale. La circonstance qu'ils ont été faits par des commerçants n'est qu'accidentelle. Aussi ces actes ne sont commerciaux que lorsqu'ils ont été accomplis par des commerçants. Et si nous ne craignions qu'on ne nous reproche d'abuser de la terminologie scolastique, nous dirions volontiers qu'ils sont commerciaux *non quia auctor eorum negotiator est, sed cum est negotiator* (1).

On voit que, dans notre système, la théorie des actes de commerce forme un ensemble harmonieux. Entre les deux catégories d'actes de commerce, il n'y a pas de différence substantielle ; les uns comme les autres procèdent de la même idée, tous se rattachent à la même notion : savoir, celle du

(1) Notre conception des actes de commerce « par nature » nous permet d'étendre la théorie dite de l'accessoire même aux actes commerciaux isolés (voy. Lyon-Caen et Renault, I, 174. Appert, *op. cit.*, p. 302. Duchange, *Des actes de commerce par relation*, p. 141 et suiv. Comp. art. 91 C. co.). Comme la personne même étrangère au négoce, qui fait une opération commerciale isolée, est réputée commerçante *quoad negotium gestum*, rien n'empêche de déclarer commerciaux les actes « accessoires » qu'elle accomplirait en vue de cette opération isolée. Le caractère commercial de l'acte accessoire résultera de la qualité de commerçant qui est attribuée fictivement à son auteur. Toutefois, comme cette qualité de commerçant n'est que momentanée, donc moins prononcée que chez les commerçants professionnels, nous n'attribuerons le caractère commercial qu'aux actes accomplis *ratione negotiationis*, et non à ceux faits *occasione negotiationis*. — Dans la doctrine courante on ne peut arriver à cette extension de la théorie de l'accessoire qu'en lui attribuant un caractère réel, objectif (voy. Duchange, *op. cit.*, p. 133 et suiv.). Il est à peine besoin d'indiquer que cette conception est inadmissible. On conçoit qu'un nantissement, qu'un cautionnement soient des accessoires d'un acte principal ; sans une obligation principale ils ne peuvent pas exister. Mais en quoi un prêt fait en vue d'un achat commercial serait-il accessoire ? Son existence se conçoit parfaitement sans cet achat.

commerçant. Le lien qui les unit à cette dernière notion peut seulement être plus ou moins étroit, il n'en reste pas moins toujours le même. Aussi n'acceptons-nous la terminologie usitée (actes de commerce à raison de leur nature, actes de commerce en vertu de la théorie de l'accessoire) que sous les plus expresses réserves. La différence entre les « actes de commerce par nature » et les « actes de commerce par relation » n'est pas aussi profonde qu'on le croit communément. Ainsi on a vu plus haut que nous rangeons l'achat d'un fonds de commerce, acte de commerce par relation d'après les idées dominantes, parmi les actes accomplis par un commerçant en sa qualité de commerçant. De même, nous estimons que certains délits devraient être compris dans cette dernière catégorie ; on ne conçoit pas, par exemple, qu'une personne étrangère au négoce usurpe l'enseigne d'une maison de commerce. Il n'y a que les commerçants qui se rendent coupables de ce délit, et ils le commettent en leur qualité de commerçants *qua negotiatores*. Mais à côté de ces délits commerciaux « par nature, » il y en a qui ne le sont que « par relation, » comme le serait par exemple une imputation diffamatoire faite par un commerçant à l'adresse de son concurrent (1). Et pourtant les deux délits : usurpation d'enseigne et imputation diffamatoire sont si voisins l'un de l'autre, qu'on les désigne habituellement sous le nom commun de concurrence déloyale.

*
* *

Nous avons essayé de démontrer que la théorie subjective des actes de commerce est la seule qui soit à la fois rationnelle et conforme à la tradition historique. Et certes, ce ne sont pas là des avantages à dédaigner. Néanmoins, l'idée des actes de commerce objectifs, comme les appelle M. Manara, ou absolus, selon l'ancienne terminologie allemande, est si profondément enracinée dans la doctrine, que nous ne serions pas étonnés, si l'on reprochait à notre théorie d'être étrangère à la conception française ou, pour préciser, d'être contraire aux disposi-

(1) On conçoit en effet qu'un particulier diffame une maison de commerce dans un but de vengeance, par exemple.

tions combinées des articles 632 et 1er du Code de commerce. Ne dit-on pas, en effet, dans la théorie commune, que le système du Code n'a rien de personnel, que l'article 632 établit la notion objective des actes de commerce, et que l'idée des commerçants, ainsi que le démontre la définition légale de l'article 1er, n'est qu'une notion dérivée de celle des actes de commerce? N'est-on pas allé jusqu'à soutenir que la notion objective des actes de commerce est la seule possible au point de vue rationnel, la seule qui ait un avenir pour elle? (Appert, *op. cit.*, p. 28-31.) — Nous ne discuterons pas ce dernier point, l'avenir restant caché à la science et toute prophétie en matière scientifique n'étant qu'un *pium desiderium* de son auteur. Nous ferons seulement remarquer que le nouveau Code de commerce allemand ne paraît pas avoir réalisé le vœu de M. Appert; son système est purement subjectif, personnel. Il n'y a pas davantage à insister sur la valeur de notre système au point de vue rationnel; nous avons examiné cette question plus haut, et l'on se souvient que nous avons abouti à cette conclusion, que non seulement la théorie objective est loin d'être rationnelle, mais qu'en fait il est impossible de définir les actes de commerce en ne faisant pas appel à la notion même du commerçant.

Reste encore l'objection tirée des textes, mais à vrai dire nous ne la croyons guère plus sérieuse que les autres. Parmi les actes de commerce dont on se plaît à relever la nature objective, réelle, parmi ces actes de commerce κατ' ἐξοχὴν il y en a dont la loi parle en termes suivants : « La loi répute actes de commerce... toute entreprise... bureaux... établissements » (art. 632, al. 3 et 4). Qu'est-ce à dire? Un établissement, un bureau, une entreprise (1) ne sont pas des actes. Le mot établissement s'emploie, selon Littré, en parlant « de toute espèce de fonds de commerce. » « L'entreprise » et « les bureaux, » dans les locutions employées par l'article 632, désignent des genres particuliers des établissements en général. Or, un établissement, un fonds de commerce ne constitue jamais un acte. La loi, en employant ces mots, parle évidemment un

(1) Le mot *entreprise* est pris, dans l'alinéa 3, dans le sens de l'établissement. Comp. Littré, v° *Entreprise*, 2°.

langage elliptique. Les alinéas 3 et 4 de l'article 632 peuvent signifier seulement : La loi répute actes de commerce tous les actes accomplis par les propriétaires des entreprises, des bureaux, des établissements en cette qualité, *qua negotiatores*. C'est la formule même que nous avons employée pour donner notre définition des actes de commerce. Dès lors, les termes de l'alinéa 2 de l'article 632 ne peuvent être entendus dans le sens d'actes de commerce objectifs, bien qu'ils s'y prêtent en apparence. On ne peut pas, en effet, supposer que la loi, dans un même article, a établi deux notions différentes. Au surplus, les mots « pour les revendre... ou même pour en louer simplement l'usage, » ne contiennent-ils pas un élément subjectif, personnel et, à y regarder de plus près, ne désignent-ils pas des actes faits par un commerçant en sa qualité de commerçant? D'ailleurs, dans l'opinion contraire, l'alinéa 7 constituerait dans l'article 632 une véritable anomalie; la loi aurait entassé dans la même énumération les actes de commerce par nature et ceux par relation. On prête par là à la loi, sans aucune nécessité, une incohérence d'autant plus grave que dans l'article 631 elle paraît avoir distingué « les engagements et transactions entre négociants, marchands, banquiers, » des « actes de commerce. » Dans notre système, l'incohérence disparaît puisque entre les différentes espèces d'actes de commerce il n'y a d'autre différence que de la force du lien qui unit chacun d'eux à la notion du commerçant. La loi fait seulement une répétition (art. 631, al. 1; art. 632, al. 7), d'ailleurs facilement pardonnable.

L'article 1er, C. com., ne peut rien, lui non plus, contre notre théorie. Il exprime moins une définition qu'un truisme commun. On s'accorde pour reconnaître que la condition d'habitude posée par cet article est de trop. Dès lors, il ne reste pour déterminer la qualité de commerçant que l'exercice des actes de commerce et la profession elle-même. Nous avons vu que l'article 632 peut et doit, sous peine de constituer une disposition incohérente, être entendu dans le sens de la théorie subjective. Que l'idée de profession constitue un élément essentiellement personnel, on ne peut guère le contester. Dès lors, l'article 1er n'exprime qu'une vérité de La Palisse : sont commerçants ceux qui exercent une profession se traduisant extérieurement par les actes qui sont accomplis par les commerçants en leur qualité de commerçants. En d'autres termes, sont commerçants ceux qui exercent une profession commerciale. — Ce n'est pas pour la première fois qu'il est arrivé au législateur d'exprimer une pensée aussi profonde. Chaque fois qu'un Code veut donner une définition, il ne dit qu'un truisme; nous ne citerons que l'exemple célèbre de l'article 1101, C. civ. : « le contrat est une convention. » — La théorie adverse accuse la loi d'incohérence, nous sommes obligés de reconnaître seulement que la disposition de l'article 1er est inutile. Et certainement, il est préférable de reprocher à la loi une redondance dans le langage qu'une incohérence dans les idées.

On voit donc que notre théorie se concilie plus aisément avec les textes que les systèmes jusqu'ici proposés par les auteurs. A un autre point de vue, elle a sur ces derniers cet autre avantage d'être plus rationnelle. Enfin elle permet de voir dans le système du Code de commerce un ensemble harmonieux et parfait. Toutes ces raisons militent en sa faveur. En effet, à quoi bon recourir aux systèmes qui impliquent incohérence, et manque d'une idée d'ensemble dans les dispositions du Code, à quoi bon s'attarder à cette notion historiquement fausse des actes de commerce objectifs, lorsque la théorie subjective, qui s'appuie bien pour sa part sur la tradition, fait disparaître tous ces inconvénients?

*
* *

En cette matière des actes de commerce, comme en tant d'autres, les auteurs se plaisent en général à critiquer le Code; on lui reproche d'avoir consacré, dans un esprit de conciliation, une conception bâtarde, hétérogène, peu justifiable au point de vue rationnel, malheureuse dans ses résultats pratiques. On propose d'autres systèmes, mieux conçus, et on ajoute que le législateur aurait mieux fait de les avoir consacrés. On discute bien sur le point de savoir quel de ces systèmes aurait dû être accepté en 1807, chaque auteur tient pour un système différent qui est son œuvre personnelle. Mais si les auteurs sont en désaccord en ce qui concerne la valeur respective de leurs systèmes, ils sont par contre unanimes à reconnaître la supériorité de leurs propres théories sur celle du Code. Et ne pouvant pas revenir sur la *lex lata*, sur l'œuvre accomplie, ils forment tout au moins des vœux *de lege ferenda*.

Méfions-nous de ces conseils donnés au législateur présent ou futur. Certes, l'œuvre de Napoléon, comme toutes les choses humaines, n'est pas parfaite, mais dans la mesure du possible, elle est la plus belle œuvre qu'on puisse concevoir. La réception du droit français qui s'est accomplie au courant du dix-neuvième siècle et qui s'étend — par un développement qui dépasse celui du droit romain vers la fin du moyen âge — depuis les pays latins jusqu'aux populations germaniques et slaves, le prouve abondamment. Bonnes ou mauvaises, les solutions de nos Codes sont presque toujours en complète harmonie non seulement entre elles, mais encore avec les notions populaires du juste et de l'injuste, et la preuve en est dans le fait que l'œuvre de Napoléon a subsisté en ses grandes lignes jusqu'à nos jours, malgré la diversité de régimes politiques qui se sont succédé depuis le premier empire. Le tout, c'est de comprendre avec intelligence les Codes. Et pour cela il ne faut pas, d'un côté, croire que les Codes ont donné la réponse à toutes les questions que la doctrine a posées. Il ne faut pas, en second lieu, se laisser tromper par les expressions des textes. La formule législative n'est que trop souvent un simple accident de rédaction, et il arrive très fréquemment que tel article ne contient qu'un simple truisme, sous les apparences d'une définition scientifique. C'est ce qui est arrivé pour la théorie des actes de commerce et des commerçants. Ne pouvant pas se faire à l'idée que le Code ait pu laisser à la coutume le soin de fixer la détermination précise des commerçants, les auteurs ont cru devoir trouver une définition légale dans l'article 1, dont les termes ont acquis de la sorte la valeur d'un principe. Mais comme les dispositions de l'article 632, si on envisage les actes dont elles parlent au point de vue d'une théorie objective, ne paraissent pas être dominées par une idée d'ensemble, force a été aux auteurs de recourir aux systèmes théoriques créés de toutes pièces. Ces conceptions n'ont pas toujours été en parfait accord ni avec les dispositions légales, ni avec les notions coutumières. Peu importe! La doctrine ne s'embarrasse pas de si peu. Ces textes législatifs, on les expliquera par l'incohérence dans la loi, par le défaut d'une idée d'ensemble dans le Code, et quant aux notions coutumières, qui donc s'en préoccupera? Dans l'opinion dominante, elles sont dépourvues de toute valeur juridique. — Concluons qu'il faut se garder de vouloir trouver dans le Code la réponse à toutes les questions, qu'il faut se garder également d'interpréter trop servilement les textes d'après leur lettre, qu'il faut enfin se garder surtout des théories créées après coup de toutes pièces, théories qui impressionnent d'abord beaucoup par la rigidité de leur logique, mais qui sont aussi contraires aux traditions historiques qu'aux notions coutumières, si pleines de vie. *Omnis definitio in jure civili* — disait Modestin — *periculosa est*; *parum est enim ut non subverti posset.*



TOULOUSE. — IMP. A. CHAUVIN ET FILS, RUE DES SALENQUES, 28.

www.ingramcontent.com/pod-product-compliance
Ingram Content Group UK Ltd.
Pitfield, Milton Keynes, MK11 3LW, UK
UKHW020957220726
13924UKWH00002B/735